AF253739

APERÇU

SUR NOS COLONIES

ET NOTRE MARINE MILITAIRE.

De vaines et dangereuses théories ne troublent point les faibles
lumières de mon esprit ; mais je ne saurais rester indifférent à l'aspect
de l'inconstitutionnalité flagrante, des sacrifices énormes et infruc-
tueux, des symptômes menaçants que j'aperçois dans notre régime
colonial.

SÉBASTIANI. — Session de 1828.

LYON.

IMPRIMERIE DE LOUIS PERRIN,

rue Mercière, n° 49.

APERÇU

sur

NOS COLONIES

ET NOTRE MARINE MILITAIRE,

POUR APPUYER UNE PÉTITION FAITE A LA CHAMBRE

LE 24 JANVIER 1832;

PAR

le Cte Ad. d'Angeville,

ANCIEN OFFICIER DE MARINE, MAIRE DE LOMPNES (AIN).

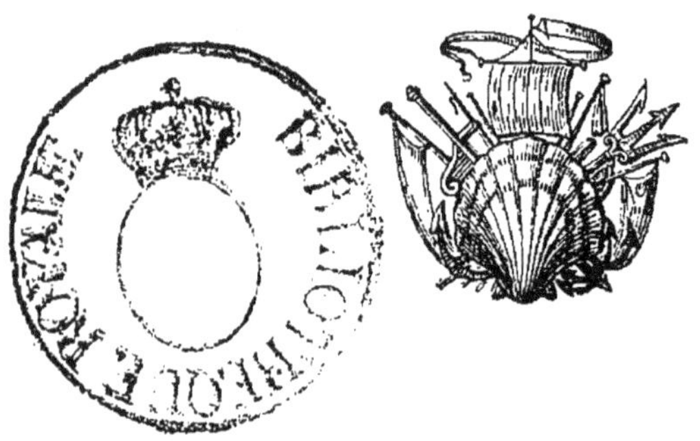

LYON,

LOUIS BABEUF, LIBRAIRE,

RUE SAINT-DOMINIQUE, N. 2.

DUFOUR, IMPRIMEUR-LIBRAIRE, A BOURG (AIN).

—

Janvier 1832.

APERÇU

SUR NOS COLONIES

ET NOTRE MARINE MILITAIRE.

La lecture du rapport du budget de 1832 , que M. Thiers avait gardé pour nos étrennes, fait faire de bien pénibles réflexions : une réduction de dix millions sur nos dépenses dáns la circonstance actuelle nous annonce assez la permanence de notre système financier, tel que la restauration l'avait laissé. Il devient dès lors du devoir de tous ceux qui espèrent être utiles à leur pays de combattre le gouvernement, non sur le terrain mouvant des théories politiques , mais sur celui de la réduction des charges et d'une bonne assiette de l'impôt.

Dans ce but, et ne voulant parler que des choses qui me sont connues, je ne traiterai que du budget de la marine. Réduit à mes souvenirs et à quelques notes prises dans mes voyages ou sur les papiers publics lors des discussions des chambres , mon travail ne peut manquer d'être incomplet. S'il éveille l'attention de messieurs les Députés sur la nécessité où nous sommes d'abandonner nos colonies , de modifier notre marine militaire , et de dégrever l'impôt du sel au moyen des économies qui en résulteraient , j'aurai rempli le but que je me propose.

Commençons par un examen rapide de nos possessions d'outre-mer et de leur importance.

Pondichéry, dans l'Inde , n'a ni port, ni fortifications , ni commerce ; une barre dangereuse ne permet les communications avec la terre qu'avec les bateaux plats du pays , et le territoire est si borné que je me rappelle avoir été forcé d'obtenir de la colonie anglaise de Madras la permission d'une chasse qui devait se faire dans un marais distant de moins de trois lieues.

Chandernagor , sur le Gange , est dans une position encore plus désavantageuse ; ce n'est plus qu'un village sans commerce, sans canons pour rendre même un salut. Le port, qui avait, dans le siècle dernier, reçu un vaisseau de soixante-quatre (de lord Clyves , je crois) , est tellement ensablé que j'y ai échoué deux fois en 1816 dans un bateau qui n'exigeait pas cinq pieds d'eau; pour y parvenir, il faut traverser Calcutta, chef-lieu de l'Inde anglaise, et passer sous le fort William, qui est le plus important de la Compagnie anglaise.

Je ne parle pas de *Karikal* et *Mahé* : ces points sont à Pondichéry ce que Pontoise est à Paris.

Voilà pour le continent asiatique et l'Inde. Il nous est défendu, par le traité de 1815, d'y avoir aucune troupe européenne; deux cents cipays y font la police, c'est dire assez quel sera le sort de ces colonies au premier coup de canon.

L'*île de Bourbon*, ainsi que Pondichéry et Chandernagor, n'a pas de port; la mer déferle sur ses côtes avec une telle fureur, que j'y ai vu tenter inutilement, et à deux reprises, la construction d'un abri pour les chaloupes; cette colonie est en outre, sous le rapport militaire, dans l'absolue dépendance de l'île de France, seul port que nous avions dans les mers de l'Inde, et qui appartient aujourd'hui aux Anglais.

Madagascar n'a jamais figuré comme colonie française que sur l'*Almanach Royal* : la fièvre et les nègres ont toujours mis bon ordre à nos absurdes projets de colonisation sur ce pays.

Le *Sénégal* n'a pas, que je sache, un fort qui puisse résister, je ne dirai pas à une escadre, mais à un seul bâtiment de guerre ; je n'y suis pas allé et n'en parle que sur renseignements.

Voilà pour l'Afrique.

Caïenne, en Amérique, est le chef-lieu d'un pays très fertile, très étendu même ; mais nous ne pouvons encore conserver cette colonie que sous le bon plaisir des Anglais : elle est ouverte aux attaques du maître de la mer, quel qu'il soit ; une frégate ne peut entrer dans le port, et si rien n'est changé depuis 1819, époque où j'ai séjourné dans ce pays, on doit considérer cette colonie comme une proie facile dès le début d'une guerre maritime.

Saint-Pierre et *Miquelon*, près de *Terre-Neuve*, sont des plages presque désertes, qui ne servent que pour la pêche de la morue : on pourrait les conserver pour cet usage.

Reste donc, dans les Antilles, à examiner la *Martinique*, la *Guadeloupe* et les *Saintes*. Je conviens que les garnisons de ces colonies peuvent, au début d'une guerre, faire quelques résistances ; mais toute personne qui connaît la distribution des croisières anglaises, sait assez que les stations des Bermudes et de la Jamaïque bloqueront ces îles au début de la guerre, et les Anglais pourront d'autant plus facilement s'en emparer, qu'avant de nous les rendre, ils ont eu le soin de détruire tous les forts qui les protégeaient.

Je ne comprends pas Alger dans cet aperçu : son climat, son voisinage de Toulon, son étendue, sa fertilité et ses fortifications donnent une haute importance à cette conquête ; ce pays, je l'espère, est destiné un jour à faire partie du territoire français, sous forme de département, tout aussi bien que la Corse.

On voit par ce qui précède qu'en temps de guerre la marine française ne peut attendre aucun secours des rebuts coloniaux qu'il a plu à l'Angleterre de nous laisser en 1815. Voyons du moins si, en temps de paix, il y a utilité ou honneur à les conserver.

Personne plus que moi ne sent toute l'importance du commerce extérieur ; je sais qu'un petit écu exporté occasionne des transactions intérieures pour quatre ou cinq fois la même somme, et qu'ainsi il faut non seulement conserver, mais même se créer des débouchés ; mais il ne peut être une question pour personne de savoir si celui que nous offrent nos colonies peut équivaloir aux charges qu'elles imposent au pays.

La commission du budget de 1828 a établi que notre systême colonial prélevait un impôt de trente millions sur les consommateurs, ou, pour parler plus exactement, sur les recettes de l'État. Il est en effet évident que si le Gouvernement maintenait sur les produits des colonies françaises les mêmes droits qu'il prélève sur les denrées des colonies étrangères, ces dernières nous fourniraient toutes les denrées coloniales, ou nos colons se soumettraient au tarif général; dès lors les prix restant les mêmes en France, la consommation n'y éprouverait aucune variation, et l'État préléverait réellement trente millions de plus par ses douanes. Il faut joindre à cette singulière liste civile des planteurs de cannes à sucre la différence qui existe dans le budget des colonies entre les recettes et les dépenses; cette différence, en 1829, était de six millions six cent quatre-vingt mille francs. Disons donc que nos colonies, bien loin de nous être profitables en temps de paix, nous sont à charge; voyons au moins si l'honneur de la France veut qu'on les conserve ! J'en appelle sur ce point à tous ceux qui, ainsi que moi, ont couru la mer. Au delà du cap de Bonne-Espérance avons-nous un seul port où le plus petit bâtiment de la marine royale puisse mouiller en sûreté, même en pleine paix? partout nous trouvons les Anglais forts, puissants, et en état de nous écraser au premier signal. N'est-il pas de notre honneur de sortir de cette humiliante position? et ne doit-on pas, ainsi qu'à l'armée, faire replier des postes que l'on ne saurait défendre?

D'après tout ce qui précède je suis si convaincu que l'abandon absolu de nos colonies ne peut être éloigné; je suis si convaincu que la libre communication de peuple à peuple et de colonie à colonie tue le vieux systême colonial du siècle passé, que si j'avais la plus petite influence sur les affaires du pays, je préparerais dès ce jour les îles à une séparation sans secousse, ou je les céderais à la puissance du continent qui voudrait m'en débarrasser, fusse même l'Angleterre. On croit que cette puissance tire sa force financière de ses possessions d'outre-mer, c'est une grande erreur : presque toutes les siennes se balancent en perte ; j'ai connu à Calcutta un colonel anglais (1) qui confondit ma raison en

(1) Cet officier me cita le chiffre de la dette de la Compagnie, que je crois me rappeler être de soixante-quatre millions; depuis lors j'ai lu une discussion du

m'affirmant, en 1817, que la *Compagnie des Indes* elle-même ne pouvait plus aller, et qu'on la verrait, à l'époque où finissait son privilége (en 1833 ou 1834), être obligée de remettre au gouvernement son bilan, attendu, m'ajouta-t-il, que les guerres continuelles contre les *Marates* endettent toutes les années la Société.

Je crois donc pouvoir conclure que la marine militaire que nous entretenons est tout aussi inutile à nos colonies que nos colonies le sont à notre marine militaire.

Voyons du moins si nos flottes, si chèrement entretenues, ont efficacement protégé notre commerce maritime.

Pour résoudre cette question, il suffit de constater un fait pénible : c'est celui de notre constante infériorité sur mer par rapport aux Anglais.

Henri IV, allié de l'Angleterre, envoie Sully parlement anglais qui appuie cette importante et curieuse vérité.

Je ne saurais trop insister sur ce point : l'Angleterre plie sous le poids de ses colonies ; les frais qu'elles occasionent sont plus considérables que tout notre budget de la marine ; que sera-ce lorsqu'elle y joindra les immenses possessions de la Compagnie des Indes ?

en ambassade dans ce pays ; avant de l'y recevoir, la marine anglaise force, à coups de
canon, le vaisseau de l'ambassadeur à saluer le
pavillon anglais ; aucune hostilité ne suit un si
sanglant outrage !

Sous Louis XIV, de brillants succès se sont
terminés, comme on le sait, par le fatal combat de *La Hogue*.

Personne que je sache n'a contesté l'infériorité
de notre marine sous Louis XV.

Sous Louis XVI, enfin, la marine française,
pendant la guerre de l'indépendance, lutte glo-
rieusement dans l'Inde sous Suffren ; elle force,
en 1780, les flottes anglaises à se sauver à
Portsmouth, mais elle finit par le désastreux
combat *du comte de Grasse dans les Antilles.*
A la fin de la guerre, notre commerce était
anéanti comme aux époques précitées, nos flottes dispersées, et le yach anglais dominait de
nouveau l'Océan. Quand on songe que dans cette
dernière lutte nous avions l'Espagne avec nous,
qu'aucune guerre continentale ne détournait nos
moyens d'action sur mer, et qu'au contraire les
Anglais faisaient sur terre une guerre malheu-
reuse aux Américains du nord, on est forcé de
convenir que difficilement chance plus favorable

se présentera pour la marine française ; depuis lors nous avons escamoté quelques expéditions aux croiseurs anglais, ou nous n'avons paru sur l'Océan que pour nous y faire battre.

On trouvera, j'en conviens, dans nos fastes maritimes, des combats particuliers glorieux, même pendant nos dernières guerres : les *Duperré*, les *Cosmao*, les *Moitard*, les *Second*, et tant d'autres, ont illustré le nom français ; le corsaire *Surcouf*, dans l'Inde, s'est montré l'émule de *Jean Bart* ; mais ces combats, dans un résultat général, étaient-ils autre chose qu'un éclair dans l'orage.

Ayons donc le courage de nous avouer, en marine, inférieurs aux Anglais, ou plutôt convenons que l'on ne peut être puissance prépondérante sur le continent et sur la mer en même temps ; suivons en cela l'exemple prudent de nos voisins : ils n'imaginent pas de solder outre leurs forces de mer, deux cents mille soldats en Hanovre pour influencer le continent.

Nous venons de voir que la marine écrasante que nous supportons depuis Louis XIV n'a jamais pu protéger notre commerce en cas de guerre avec les Anglais ; on est, je pense, convaincu que nos colonies ne peuvent être protégées, et que même, si elles pouvaient l'être, elles n'en valent pas la peine. Dès lors notre budget de la marine ne peut-il pas être considérablement réduit, et ne serait-il pas opportun d'admettre pour nos forces de mer d'autres bases que celles qui ont été suivies jusqu'à ce jour ? c'est ce que nous allons examiner.

Le budget de la marine a varié jusqu'en 1820; mais à cette époque le ministre *Portal* démontra que ce service avait consommé deux cent soixante-huit millions depuis la Restauration, et qu'il exigeait à l'avenir soixante-cinq millions (1) pour porter notre flotte, en 1830, à quarante vaisseaux et cinquante frégates susceptibles *de prendre la mer*; cette double base a été adoptée subséquemment.

On va juger par ce qui suit de combien il

(1) A cause des chiourmes, ne comptons que soixante millions de budget annuel. De 1820 inclus au 1er janvier 1832, il y a douze ans, pour lesquels notre marine a dévoré sept cent vingt millions, en y joignant les deux cent soixante-huit millions admis dans le rapport de M. Portal, et les riches débris de la marine impériale, composée, en 1815, de plus de quatre-vingts vaisseaux de ligne (dont cinquante-huit étaient armés), on voit que notre marine nous a coûté plus d'un milliard en dix-huit années.

s'en faut que le résultat prévu ait été obtenu, quoique les fonds aient été régulièrement alloués (1).

En 1817, M. *Dubouchage*, ministre, déclare que la France compte soixante-huit vaisseaux, dont quatorze en construction, et que le matériel de la flotte de 1815 a été visité avec soin et reconnu en état de prendre la mer ; depuis lors jusqu'en 1828, notre marine a dépéri dans une telle progression, qu'on lit, page 22 du *Budget de la Marine de* 1828, présenté par le ministre lui-même, cette effrayante vérité :

« En calculant la durée de chaque bâtiment « d'après l'époque de sa construction et du « dernier radoub qu'il a subi, il ne se trouve- « rait pas maintenant à flot dans nos ports plus « de vingt-sept vaisseaux en état de faire cam- « pagne sans recevoir préalablement un grand « radoub. »

Il faut ajouter encore comme complément de cet aveu que sur les vingt-sept vaisseaux dont

(1) On verra, j'en conviens, plusieurs années où le budget de la marine a été de moins de soixante millions ; mais il faut noter qu'il y a pour les dépenses coloniales une partie des fonds prélevés sur le budget de la guerre : en 1828 ce prélèvement était de six millions.

il est ici question , onze seulement n'avaient pas subi la désastreuse opération d'une refonte.

Nous allons examiner les causes de ce fâcheux résultat.

Il est une vérité incontestée actuellement en marine, c'est que la durée moyenne des vais-seaux , qui était estimée de vingt ans il y a un siècle , n'est plus maintenant que de dix à onze ans. Je sais qu'en paix, avec des soins continuels et en faisant de grands sacrifices, les Anglais parviennent à faire durer leurs vaisseaux quatre ou cinq ans de plus , et que ceux qui se construisent dans l'Inde en bois de tek , durent encore les vingt ans ; mais dans notre marine le terme extrême est de quatorze ans en temps de paix, et en temps de guerre de sept à huit ans seulement ; ainsi , en admettant la moyenne de onze ans, je crois être dans le vrai (1).

Que l'on calcule maintenant les seuls résul-tats de cette observation, on verra qu'en adop-tant les bases de 1820 du ministre Portal , il faudrait renouveler annuellement un onzième

(1) On ne se doute guère en France qu'il y a des vaisseaux qui pourissent dans le port où ils ont été lan-cés , sans même avoir été jusqu'en rade : deux superbes *trois ponts* à Toulon sont dans ce cas.

de toute notre marine, et que, sans compter les accidents de mer qui surviennent, deux autres onzièmes de notre matériel ne pourraient rendre que des services très bornés (1).

Si l'on songe maintenant que la coque d'un vaisseau coûte au moins treize cent mille francs, on peut calculer avec quelle effrayante rapidité les écus des contribuables se changent en valeurs improductives.

Mais, dira-t-on, les refontes suppléent aux constructions. C'est, à mon avis, une grave erreur : cette opération, en temps de guerre, par une plus grande rapidité d'exécution, donne des forces plus promptement disponibles, et souvent elle devient nécessaire; mais, pour un

(1) On ne doit pas être étonné, d'après ce qui précède, de la surprise de M. Labey de Pompières, qui, lors de la discussion du budget de 1828, disait, en parlant du budget raisonné de 1820, de M. Portal, ne pas comprendre ce singulier résultat qu'on y lisait, page 21 et 22 : « Ayant quarante-huit vaisseaux à flot en « 1820, pour en élever le nombre à trente-huit (en « 1830), il faudrait, de 1820 à 1830, construire vingt-« trois vaisseaux et en refondre vingt-quatre. »

Qu'on n'aille pas croire qu'il y a ici faute typographique; car, à mon compte, il ne devrait même y en avoir que trente-sept.

temps de paix, il en est tout autrement. On va en avoir la preuve.

Dans le budget *systématique et raisonné* de la marine que le ministre Portal fit en 1820, il convenait lui-même qu'une refonte était une mauvaise opération si elle devait s'élever à moitié de la valeur d'une construction neuve, et il admettait qu'elle n'irait qu'au tiers. M. Chabrol, autre ministre en 1825, nomma une commission pour vérifier si l'opinion de M. Portal était exacte. Il résulta de l'enquête que, sur vingt vaisseaux refondus de 1815 à 1825, neuf avaient coûté les trois quarts d'une construction neuve, c'est-à-dire plus de neuf cent mille francs ! Il fut même constaté que l'impudente dilapidation des refontes avait été poussée si loin, qu'on en était venu jusqu'à faire figurer au budget de la marine des vaisseaux en pleine refonte qui n'y ont jamais été (le *Donavert* et le *Scipion* entre autres); et, pour compléter ce scandale, le *Royal-Louis* et le *Duguay-Trouin*, condamnés dans les années 1825 et 1824, figuraient aux années suivantes comme étant en refonte.

A ces diverses causes de dépérissement de notre marine, dont la principale est irrémédiable, s'en joint plusieurs autres secondaires, bien connues des officiers de marine ; elles sont trop longues à détailler et trop difficiles à combattre dans un aperçu de quelques pages.

Disons donc et convenons qu'avec un budget de soixante et même de soixante-cinq millions, les bases de nos forces de mer, adoptées provisoirement en 1820 et définitivement arrêtées en 1824 par les chambres n'ont pu être suivies ; nous devions avoir en effet quarante vaisseaux en 1830 prêts à prendre la mer, et nous n'en avions déja plus que vingt-sept en 1828. Il y a donc un vice radical dans l'organisation du service de notre matériel de mer, ou plutôt le renchérissement des denrées premières qui le concerne est si extraordinaire, que le temps n'est peut-être pas très éloigné où tous les gouvernements sentiront le besoin de donner d'autres bases à leur marine militaire : la vapeur, par exemple.

Mais, dira-t-on, vous pensez que les colonies sont inutiles et doivent être abandonnées ; vous prouvez que dans toutes les guerres les Anglais ont fini par nous dominer et ont écrasé notre commerce : voulez-vous donc en conclure qu'il ne faut pas de marine militaire ; car, d'après ce qui précède, cette conclusion paraît forcée ?

Loin de moi une pareille idée : en France, on est partisan des économies ; tout le monde en sent le besoin ; mais on a encore plus besoin d'honneur national. Or, l'honneur national veut que nous puissions protéger notre commerce de mer en temps de paix, le continuer en cas de guerre où l'Angleterre ne serait pas partie active, et qu'enfin cette dernière puissance nous craigne assez pour ne pas chercher à renouveler ses insolentes prétentions sur la police des mers et sur les neutres.

Je vais m'efforcer de prouver que notre marine peut être organisée tout autrement qu'elle ne l'a été jusqu'à ce jour, et remplir ce triple but ; jetons un coup d'œil de l'autre côté de l'Atlantique pour éclairer cette question.

Le commerce d'importation et d'exportation des États-Unis fait sur *leurs navires nationaux*, par rapport à ce même commerce fait par nous et sur *nos navires*, est comme les chiffres 77 et 52 ; ou, en d'autres termes, les Américains ont sur mer plus de trois bâtiments de commerce, lorsque nous n'en avons que deux : tel était l'état des choses de 1824 à 1828, époque commerciale qui nous est la plus avantageuse pour cette comparaison.

Ceux qui ont couru le globe savent assez qu'aucun commerce n'est plus efficacement pro-tégé que celui des *Etats-Unis* : quelques frégates en croisière, des consuls à caractères fermes et prudents leur suffisent ; voilà pour la paix.

Veut-on savoir maintenant, en temps de guerre même avec l'Angleterre, le résultat que les Américains obtiennent avec de faibles moyens ?

Quelques années avant la chute de l'empire, le commerce de cette nation était le seul qui fît concurrence au commerce anglais ; l'acte de navigation de Cromwel, source de richesse pour l'Angleterre, était miné lentement par ces rouliers de l'Océan ; l'amirauté de Londres, pour se débarrasser d'une si dangereuse rivalité, imagina de renouveler ses prétentions sur les neutres. Les Américains ne voulurent pas plier, et la guerre survint : elle se termina en 1815. Je laisse à d'autres le soin de parler des combats glorieux des frégates américaines, et ne veux envisager cette querelle que sous le rapport le moins brillant, mais le plus utile.

On va voir, par des chiffres, que deux vaisseaux, huit à dix frégates et des corsaires soutinrent contre toutes les forces britanniques une lutte où les résultats finirent par s'équilibrer.

Dans les *Annales de M. James*, les Anglais avouent qu'ils ont perdu de 1812 à 1815 douze cents navires du commerce, et ils prétendent en avoir pris près de dix-sept cents ; mais les *Annales de l'Américain Adam Seyberg*, sans combattre ce dernier chiffre, constatent la fausseté du premier : on y voit que deux mille cinq cents navires ont été pris aux Anglais dans la même période, et que dix-sept cent cinquante ont été perdus pour eux, puisqu'ils n'ont pu en reprendre que sept cent cinquante. Les chiffres des pertes réelles des deux nations sont donc comme les nombres dix-sept et demi et dix-sept, ou, en d'autres termes, il y a eu équilibre, et, comme l'observe M. Dupin dans son ouvrage des forces navales : « En définitif les Anglais « ont été forcés à la paix ; car ils ont con- « cédé à la fin de cette guerre ce qu'ils ne « voulaient pas concéder avant de la com- « mencer. »

Ces heureux résultats obtenus par la marine américaine, soit pendant la paix, soit pendant la guerre, sont un double enseignement dont la France n'a pas su profiter jusqu'à ce jour ; en sera-t-il de même pour l'avenir ? Espérons le contraire ; espérons que les hommes qui dirigent les affaires du pays finiront par comprendre qu'il nous faut renoncer aux luttes d'escadres contre les Anglais , et que la perspective d'une guerre de corsaire à leur commerce sera suffisante pour les maintenir dans la ligne de justice que leur cabinet suit depuis 1815. Ce n'est pas cependant à ce but seulement que nous devons tendre dans l'établissement de notre marine : inférieurs aux Anglais, nous devons conserver la supériorité qui nous est acquise sur toutes les autres nations, afin de pouvoir, dans une guerre continentale, soutenir nos armées par nos flottes, ou faire d'utiles diversions en menaçant le territoire d'un ennemi lointain. Notre marine doit donc rester la plus forte après celle des Anglais.

Voyons ce qui nous est nécessaire pour atteindre ce but.

En 1828 les états officiels de l'Union américaine établissaient une marine de douze vaisseaux et dix-sept frégates à flot; à cette même époque , la France comptait cinquante - trois vaisseaux et cinquante-cinq frégates ; mais on a vu que ces chiffres se réduisaient à vingt-sept pour les vaisseaux en état de prendre la mer , c'est-à-dire à la moitié de l'état officiel. Les noms des bâtiments des forces des États-Unis , dont plusieurs ont fait la guerre de 1812 à 1815, montrent assez qu'il en est de même de leur marine; car la pouriture sèche l'attaque tout aussi bien que la nôtre; on ne doit donc compter comme susceptible de prendre la mer que la moitié de leurs forces officielles, savoir six vaisseaux et neuf frégates.

Je n'ai pas sous les yeux l'état de la marine russe; peut-être est-il de trente ou quarante vaisseaux, que sais-je? Mais les moyens de tromperies officielles qui existent dans les gouvernements absolus, sont bien autrement exploités que dans les pays libres, et je ne doute pas que la Russie eût beaucoup de peine à équiper le double de la marine américaine. Qui ne sait d'ailleurs que cette puissance, engagée dans une guerre continentale, ne peut remuer ses armées qu'avec une extrême difficulté, à cause de ses finances : le même motif existe pour ses flottes; et, de plus, où sont les matelots qui formeraient ses équipages (1) ?

D'après ce qui précède, je pense qu'un matériel de dix vaisseaux de quatre-vingts canons

(1) Je ne parle ici ni de la marine turque ni de celle des autres puissances: elles sont évidemment inférieures à celles dont je viens de parler.

et de vingt frégates de soixante est plus que suffisant (avec des bâtiments légers dans la même proportion) pour nos besoins présents et à venir, soit de paix, soit de guerre. Pour ce dernier cas, il faudrait toujours avoir sous nos cales couvertes dix vaisseaux et dix frégates presque terminés, et lancer annuellement un vaisseau et deux frégates pour l'entretien de notre cadre de paix. De cette manière, le fâcheux système des refontes serait abandonné, et notre matériel de mer serait toujours prêt, puisque le plus vieux bâtiment n'aurait que neuf ans.

Si ce projet était adopté, à la moindre apparence de guerre, on achéverait les bâtiments en construction sous les cales, et l'on se présenterait dès le début des hostilités avec vingt vaisseaux et trente frégates. Les cinq vaisseaux et les dix frégates réformés dans les cinq dernières années, seraient radoubés ou refondus pour servir de réserve. Dans l'hypothèse d'une guerre avec les puissances de mer de second ordre, telles que la Russie et l'Amérique (1),

(1) Tant que la marine américaine se recrutera comme elle le faisait en 1820, cette puissance sera dangereuse en temps de guerre pour le commerce de son ennemi;

nous pourrions avec ces forces prendre le dessus d'une manière incontestable.

S'il survenait une guerre avec l'Angleterre, il faudrait bien se garder d'adopter une pareille marche; nos vaisseaux et frégates du cadre de la paix devraient être expédiés deux par deux contre le commerce anglais; une partie des ressources de finances du service de mer employée à exciter en France la guerre de corsaire contre eux (1), et le gouvernement lui-même ne devrait pas en faire d'autre, soit au moyen des bâtiments légers qu'il construirait, soit avec les bâtiments à vapeur, dont en temps de paix je voudrais voir augmenter le nombre.

Que l'on ne dise pas que les Français ne sont pas aptes à cette guerre : notre marine, pour naviguer et combattre isolément, est admirable; les matelots sont braves et entreprenants à l'égal de ceux de n'importe quel pays. Dans l'Inde,

mais il lui sera fort difficile de jouer un rôle quelconque en escadre, attendu qu'elle n'a pas, comme la France ou l'Angleterre, le moyen coercitif des classes ou de la presse pour se procurer des matelots.

(1) Qu'on n'oublie pas que pour ce genre de guerre on n'a pas besoin de colonies, et que tous les ports neutres nous seront ouverts.

on a vu le capitaine Duperré, sur *la Bellone*, détruire successivement *la Magicienne*, *le Sirius*, *la Néréide*, et une autre frégate anglaise dont j'ai oublié le nom ; le capitaine Moitard, de *la Sémillante*, dans ces parages, s'est illustré à la même époque par des combats presque aussi glorieux, et je ne sache pas que depuis les flibustiers on ait tenté et réussi dans des entreprises plus hardies que celles du corsaire Surcouf, de Saint-Malo, qui naviguait dans ces mers sous l'empire.

Nous avons en outre une preuve plus en grand de ce que nous pouvons faire contre le commerce anglais : lord Stanhope fut forcé d'avouer en 1795 que nous avions pris, de 1793 à 1794, quatre cent dix bâtiments à la marine anglaise, tandis qu'on n'avait pu nous en prendre que trois cent seize. Plus tard, j'en conviens, les chances ont été différentes ; mais on ne peut en accuser que la rigueur des temps, qui forçait la France à employer toutes ses ressources en hommes et en argent pour la défense de nos frontières menacées par l'Europe.

Si l'on était tenté de croire qu'avec le cadre restreint que j'admets pour le service de paix, nous ne pourrions pas protéger notre commerce et tenir notre rang d'une manière convenable, la réponse serait facile, *même sans citer l'exemple des Etats-Unis* : il ne faudrait pour cela que renvoyer à l'examen de l'état de nos armements depuis la Restauration ; on y verrait que jamais ils n'ont exigé tout le matériel de paix que je propose, excepté pour l'expédition d'Alger. Cette dernière était composée de onze vaisseaux et de vingt-une frégates ; mais j'observe que les forces de mer que nous y avons employées étaient en partie inutiles et ne faisaient service que de transport. Des navires du commerce auraient pu remplir le même but plus économiquement, et le cadre de paix eût été suffisant même pour cette expédition.

Voyons maintenant quel personnel serait nécessaire à la marine réduite que je propose.

En 1828, notre état-major se composait de quinze cent trente officiers ou élèves. Ce cadre, traité avec une économie qu'aucune nation n'a encore pu atteindre, est si peu proportionné à notre matériel, que, lors de l'expédition d'Alger, le désir de revoir mes anciens camarades et une belle flotte m'ayant conduit à Toulon, je trouvai à mon grand étonnement des officiers auxiliaires et danois, même à bord de nos vaisseaux de guerre!

On ne saurait être trop sobre de mutilation dans un corps exposé à tant de privations et à de si rudes épreuves. Les officiers de mer sont longs à se former ; ceux que nous possédons actuellement ont pour la plupart pris une instruction remarquable dans les écoles impériales fondées en 1811 à Brest et à Toulon. Leur petit nombre, depuis douze ans, les force à être constamment sur mer ; ils y ont acquis une pratique d'autant plus solide, qu'elle est basée sur la théorie et n'a été interrompue que par des congés très courts. On peut donc sans présomption les croire égaux aux bons officiers des Anglais ; car ces derniers ayant un état-major où l'on voyait figurer encore en 1828 huit cent cinquante capitaines de vaisseaux et trois mille sept cent dix lieutenants, il est bien évident qu'ils ont moins navigué que les nôtres. Conservons donc soigneusement le cadre du personnel actuel pour notre marine réduite ; car il faut en toute circonstance que la France puisse faire, si son honneur est compromis, une expédition aussi forte que celle qui nous a rendus maîtres d'Alger ; et, je le répète, c'est tout au plus, avec le service courant, si le personnel actuel y suffirait.

Les journaux n'ayant pas encore fait connaître la spécialité des dépenses de chaque ministère, il m'est impossible de spécialiser aussi les économies qui résulteraient du systême que je présente ; je vais cependant montrer clairement que celui de la marine seul offre plus de réductions que M. Thiers n'en trouve dans tout le budget.

En 1829, je vois que les dépenses des colonies se sont montées à 15,252,000 fr,, et les recettes à 8,752,000 fr. , et qu'ainsi notre systême colonial coûtait 6,680,000 fr. Or, il ne coûtait en 1820 que 6,071,000 fr. ; si la même progression croissante a été conservée, ce budget, en 1832, doit dépasser 7,000,000 (1).

A cette première somme, il faut ajouter qu'avec la marine réduite que je propose, il n'y a qu'un vaisseau et deux grandes frégates à construire par an.

(1) Au *Moniteur* du 14 janvier 1832 on a joint un supplément à celui du 31 décembre 1831 , que je viens de lire : on y voit que le budget des colonies coûtera sept millions sept cent quatre-vingt-douze mille huit cents francs pour 1832, et qu'ainsi j'étais au dessous de la réalité. D'où vient donc cette progression croissante de tous les budgets ?

L'un coûtera pour la coque. . . 1,300,000 f.

Les deux frégates. 1,400,000

Total. . . . . . 2,700,000 f.

Or, pour suivre le système adopté en 1820 par les chambres, il faudrait construire quatre vaisseaux et cinq frégates, ou, ce qui est bien pis, refondre nos vieilles carcasses. Pour ne pas s'égarer, admettons que les constructions ou refontes du système actuel ne soient l'équivalent que de la valeur de la coque de trois vaisseaux et de quatre frégates, il en résulterait six millions sept cent mille francs de dépense; retranchant de cette somme la valeur des constructions du système que je propose, il reste encore quatre millions d'économie.

Voici donc onze millions qu'un premier aperçu fait découvrir.

Il me faudrait entrer dans de longs développements et dans des calculs qui passeraient les bornes d'un simple aperçu, pour prouver qu'à ces onze millions l'on pourrait en ajouter cinq autres, même en continuant de très forts approvisionnements de matériel. Nous avons en outre vu que la commission du budget de 1828 a établi que notre système colonial coûte annuellement trente millions à nos douanes , il est dès lors évident que quarante-six millions d'économie seraient le résultat de l'adoption du système que je viens de développer.

Dans ce cas l'impôt sur le sel , qui me semble être le plus injustement assis, pourrait être modifié de manière à en réduire le prix de plus des deux tiers ; ce seul bienfait suffirait pour attacher au gouvernement les hommes les plus prévenus.

J'ignore à quelle époque les opinions que je viens d'émettre triompheront ; mais j'oserais parier qu'elles finiront par prédominer. Un des ministres actuels (Sébastiani) , dans la discussion du budget de l'une des dernières années de la Restauration , avait déja *quasi-proposé* l'abandon de nos colonies ; cette moitié du système que je propose entraîne une grande diminution de notre marine militaire , qui en est l'autre moitié.

Espérons donc qu'au moins en ce qui concerne le budget de la marine , nos députés ne se laisseront pas surprendre par l'habileté du rapport de M. Thiers, et qu'au lieu de se décourager à la vue des chiffres qu'il a si habilement groupés , ils sauront regarder en face le budget, et redoubleront d'efforts pour modifier les dépenses publiques. La tranquillité et la prospérité de notre pays sont à ce prix.

Il me reste à faire une dernière observation.

Le provisoire dans lequel nous vivons depuis deux ans, est sans doute le seul motif qui a empêché nos chambres de vérifier pourquoi en 18So on était si loin des résultats prévus en 1820 dans le rapport de M. Portal.

Une citation à ce sujet pourra mettre sur la voie et montrer dans quelles extravagantes dépenses on était engagé pendant les dernières années de la Restauration. Voici les expressions du rapport du budget de 1828, fait à la chambre des Pairs dans la séance du 14 juin 1827.

« Toutes les mesures sont prises pour élever
« le nombre des cales couvertes au niveau *des*
« *besoins du service* : vingt pour les vaisseaux,
« et vingt-cinq pour les frégates....... » Et plus
loin : « On est forcé d'ajourner par le manque
« de fonds le projet d'agrandissement du port
« de Toulon, du côté de Castineau, *où vingt*
« *cales doivent être réunies autour d'un même*
« *bassin......* »

Persister dans de semblables projets en face des besoins de l'instruction primaire, des routes, de l'agriculture surtout, ce serait méconnaître étrangement les résultats que l'on attend de la révolution de juillet.

Supplément.

Depuis que mon manuscrit est à l'impression, des personnes fort à même de raisonner les questions que je traite, m'ont fait diverses observations. Je vais essayer de les réfuter.

Première objection. — « Les colonies sont
« peuplées de Français ; leur laisser la li-
« berté de s'administrer, de commercer avec
« tous les pays, les émanciper enfin, ce se-
« rait en ruiner tous les habitants, et les livrer

« à des massacres semblables à ceux de Saint-
« Domingue. »

Certes, je conviendrais de la force de cet ar-
gument s'il s'agissait d'abandonner ces colonies,
pour l'exercice de 1832, par un vote d'assis et
levé. Loin de moi l'idée d'opérer ainsi ! je con-
nais assez l'organisation de ces pays, pour savoir
que les personnes et les choses seraient com-
promises par un abandon trop brusque ; il faudrait agir progressivement, et trois ans ne seraient pas trop pour modifier nos lois de douanes
de manière à établir l'égalité des droits pour tous
les produits coloniaux.

Je sais et conviens qu'il y aurait quelques intérêts de froissés : les planteurs de cannes à
sucre d'Amérique surtout étourdiraient de leurs
cris. *Mais est-il donc à dire que la France
soit condamnée pour toujours à encourager
d'une prime de trente pour cent une culture
onéreuse dans des pays que nous sommes cer-
tains de perdre à la première guerre contre
les Anglais ?* Je ne saurais le croire ; et d'ailleurs le marché exclusif de nos produits dans
les colonies, n'impose-t-il pas aussi des charges
aux créoles ? La dépréciation de leurs sucres ne

serait-elle pas en partie compensée par l'abandon de ce privilége?

Je vois qu'en effet, sur le seul article de la morue sèche, les Antilles et la Guiane, qui en consomment deux cent mille quintaux, retrouveraient sept cent mille francs; car il est juste de dire que si les colonies nous forcent à payer la livre de sucre plus cher qu'elle ne vaut, par réciprocité de bons services, nous forçons les colons à nourrir leurs nègres avec notre mauvaise morue, ou à payer un droit de trois francs cinquante par quintal de celle des États-Unis, qui lui est supérieure.

Quant à la protection à accorder aux créoles contre leurs esclaves, la discussion de ce point aménerait des développements plus longs que ne le comporte un simple aperçu : je me contenterai d'observer que la faible population de nos colonies ne permet aucune comparaison avec Saint-Domingue. Cette dernière île renfermait, lors de son insurrection, cinq cent mille esclaves, tandis que la population blanche, métis et noire de toutes nos possessions actuelles, ne dépasse pas trois cent cinquante mille. Quand on pense que ce dernier nombre est réparti sur des points isolés, et souvent à de grandes dis-

tances les unes des autres , on ne peut s'empê-
cher de croire que la répression est facile par les
seuls moyens coloniaux. Cependant, pour ras-
surer sur ce point d'une manière absolue, je
conviens que la France pourrait conserver une
espèce de protectorat sur les cinq colonies à esclaves qu'elle possède ; les conseils supérieurs
de ces pays seraient chargés de pourvoir à la
solde et à l'entretien des troupes qu'ils réclame-
raient de la métropole, et cette charge les inté-
resserait tellement à trouver le moyen de se
suffire sans le secours de la France , que peu
d'années seraient nécessaires à leur complet af-
franchissement.

Le temps, au surplus, combat tous les jours
pour amener cette possibilité ; car dans les Antilles, depuis l'abolition de la traite des noirs,
la diminution de la population esclave varie annuellement d'un à trois et demi pour cent, sui-
vant les diverses localités, tandis que la population blanche se maintient stationnaire.

DEUXIÈME OBJECTION. — « On a fait à Bo-
« naparte les propositions dont vous parlez ; et
« il s'y est toujours opposé, en observant qu'une
« guerre de corsaire aménerait, à la longue, la
« prise de tous nos matelots. »

L'exemple des États-Unis que j'ai cité, prouve que les ports neutres suffisent pour protéger une guerre maritime. Au surplus, la question n'est pas de savoir « *si nos matelots, sur les cor-* « *saires, seraient pris à la longue, mais bien* « *de décider si, à navigation égale, ils se-* « *raient plutôt capturés que sur les bâtiments* « *de l'état.* » Je ne sache pas qu'à aucune époque on ait admis l'affirmative sur ce point ; elle serait contraire aux faits.

Troisième objection. — « Les Anglais « étudient avec soin ce qui leur est avantageux ; « non seulement ils n'abandonnent pas leurs « colonies, mais à chaque traité de paix ils « s'arrangent de manière à en augmenter le « nombre. Suivons donc leur exemple, ou au « moins conservons celles que nous possédons. »

Il faut faire une grande différence entre une colonie et un point militaire : ces derniers, faciles à défendre, sont d'une haute importance en temps de guerre pour ravager le commerce d'un ennemi ou protéger le sien. Malte, Héligoland, Gibraltar, les Bermudes, Sainte-Hélène, l'île de France, etc., servent de pivots aux flottes et au commerce anglais.

Mais qu'est-ce que nos misérables colonies ont de commun avec ces divers points ? Je le répète encore ici, que l'on consulte les hommes éclairés de l'Angleterre, ils commencent à convenir que bientôt on sera dans l'impossibilité de rester dans les mêmes voies coloniales ; le Canada seul coûte plus de onze millions à la métropole.

Quatrième objection. — « Une diminu-
« tion sur les droits d'entrée des sucres colo-
« niaux ferait tomber en France la fabrication
« de celui de betterave, et de cette manière,
« on ruinerait beaucoup d'établissements d'une
« haute importance. »

Je commence d'abord par observer que l'on pourrait conserver nos lois de douanes telles qu'elles existent actuellement, et se contenter d'amener en deux ou trois ans les sucres de nos colonies à payer les mêmes droits que ceux des étrangers ; dès lors les prix ne variant pas, la fabrication du sucre de betterave ne souffrirait aucun dommage.

Ce n'est cependant pas ainsi qu'il faudrait agir.

N'oublions pas qu'alors que l'empire français s'étendait de Lubeck à Rome, la consommation du sucre n'était que de huit millions de kilogrammes, et qu'elle est montée à soixante millions avec la France de 1815. Ce résultat obtenu à moins de quinze années d'intervalle, sous la seule influence d'une différence dans les prix, ne peut laisser de doute sur une consommation plus grande, si les douanes permettaient de descendre encore le prix de cette denrée. Il faudrait donc diminuer le droit sur les sucres étrangers dans une juste mesure, et frapper ceux de nos colonies d'une augmentation proportionnelle.

Sans une enquête, il est impossible d'établir convenablement le chiffre de cette diminution; car il est d'une si haute importance pour notre agriculture d'avoir un emploi avantageux des récoltes sarclées (1), que l'on ne saurait apporter

(1) La culture alterne, qui a pour base une récolte fumée et sarclée, pèche dans beaucoup de pays par le défaut d'emploi avantageux des produits. Les betteraves, par leur conversion en sucre, sont une ressource d'autant plus précieuse, qu'il serait possible d'établir des fabriques d'association de vingt ou trente sociétaires, qui s'entendraient pour fournir à un établissement com-

ter trop d'attention à une décision qui pourrait compromettre la culture de la betterave, qui est, je crois, la plus avantageuse.

CINQUIÈME OBJECTION. — « Un dégréve-
« ment sur le sel serait très impolitique ; cet
« impôt se confond avec la valeur première et
« ne s'aperçoit pas : il y aurait bien plutôt ur-
« gence à secourir d'autres branches d'une per-
« ception plus difficile. »

mun une quantité donnée de quintaux de betterave. La division des propriétés, de plus en plus répétée, doit faire songer très sérieusement à cette méthode.

On l'emploie déja avantageusement dans le département de l'Ain, pour la fabrication des fromages façon de Gruyère. Dans la commune de Lompnes, depuis plusieurs années, on a abandonné le travail du lait en détail pour le fabriquer par association ; de cette manière, cinquante-deux sociétaires qui ne tiraient qu'un produit insignifiant d'environ cent soixante vaches, sont parvenus à obtenir des pièces qui pèsent trente et trente-cinq kilogrammes : elles sont de bonne vente pour le grand commerce et le Levant. Cette opération fait entrer toutes les années, dans ce village, huit à neuf mille francs, et il est probable que dans bien des communes, les associations pour la fabrication du sucre de betterave produiraient des résultats aussi avantageux.

Je conviens qu'il est probable que, sans la liberté de la presse, le peuple ignorerait qu'il paie le sel quatre fois plus qu'il ne vaut; mais en cela comme en toute chose, il faut partir du point où l'on est, et il me semble que l'on a si souvent calculé que chaque ménage sur le sel qu'il consomme, fournit annuellement huit francs au trésor, que ce n'est plus un secret pour personne !!!

En réduisant l'impôt dont il est question des quarante-six millions que l'on économiserait sur la marine et les colonies, il résulterait par chaque faisant-feu un peu plus de six francs de dégrévement; ne comptons que ce dernier chiffre, et appliquons au village que j'habite les résultats de cette opération.

La commune de Lompnes compte quatre cent trente-deux habitants répartis sous quatre-vingt-cinq chefs de famille; ce serait donc cinq cents dix francs d'économie, c'est-à-dire un peu plus du quart de tout l'impôt foncier.

Si je me mettais en dehors de ces calculs, le dégrévement au lieu du quart serait du tiers; et enfin si j'en exceptais les quarante-deux plus imposés, les quarante-trois autres seraient dégrevés d'une somme équivalant à la totalité de leur impôt foncier.

Il ressort de ces calculs que l'impôt du sel pèse si injustement sur les classes pauvres et nécessiteuses , que si l'on appliquait à toute la France le résultat que je viens d'énoncer , quarante-six millions de dégrévement sur cet impôt équivaudraient à l'abolition de l'impôt foncier pour plus de seize millions de Français.

Que chacun applique ces raisonnements à sa localité, et propose, s'il le connaît, un moyen plus efficace pour attacher les masses aux principes de la révolution de juillet.

Faisons un dernier calcul et une dernière observation.

Au premier janvier 1832 , les trente-six millions que nous sacrifions annuellement à notre système colonial depuis le commencement de 1815, représentent, à intérêts composés, plus de *neuf cent millions* ; si l'on persistait jusqu'au 1ᵉʳ janvier 1840 dans les mêmes voies , cette somme dépasserait *dix-sept cent millions* ; enfin , à cette dernière date, les dix millions d'économie que je propose sur le budget de la marine, représentent depuis 1815 *quatre cent soixante-et-dix millions*, de sorte que si le système que j'ai précédemment développé eût été suivi depuis la Restauration jusqu'en 1840, on aurait pu amortir plus de deux milliards de la dette publique à la fin de cette période.

D'après ce qui précéde, d'après tout ce qui a été dit dans cet Aperçu, une réforme salutaire dans les dépenses qui concernent nos colonies et notre marine doit paraître indispensable; il faudra de la persévérance pour arriver au bien, de l'obstination même. M. Hyde de Neuville ne manquait pas de force de volonté; il proposait en 1823 pour les forces de mer, ce que je propose : « Moins de grands vaisseaux, disait-il, « mais surtout moins de vieux navires *en re-* « *fonte*; moins de grands vaisseaux, et beau- « coup de frégates comme *la Jeanne d'Arc*, « dont trente ou quarante suffiraient pour met- « tre chaque peuple dans la nécessité de recon- « struire ses forces navales. » Après avoir corroboré son opinion par un séjour prolongé aux États-Unis, il devint ministre, et pourtant il n'a fait que suivre l'ornière de ses prédéces- seurs. Serait-ce, ainsi qu'il le disait lui-même, parce que « les hommes en place tomberaient « du ciel, qu'ils ne pourraient échapper au pou- « voir absorbant de la bureaucratie »,

Espérons que quelque jour un ministre de la marine saura éviter cet écueil.

Espérons surtout que quelque député, étranger à tout esprit de parti comme à tout intérêt de localité, portera le flambeau de la raison dans l'examen du budget de la marine, et qu'au lieu d'entretenir la France dans la décevante illusion qu'elle possède encore des colonies, il les montrera ce qu'elles sont : de misérables débris d'un système usé que l'intérêt et l'honneur du pays repoussent avec une égale énergie.